＼家庭で楽しめる／
「ほりにし」レシピ
83品

「ほりにし」かけときゃ だいたいオッケー

堀西晃弘

主婦の友社

はじめに

「アウトドアスパイス ほりにし」開発リーダーの堀西晃弘です。
　キャンプやアウトドアの際にいろいろなスパイスや調味料を持っていく煩わしさから、1本のスパイスでどんな食材にも使える、オールマイティなスパイスができれば！と考えて完成したのが「アウトドアスパイス ほりにし」です。
　キャンプやBBQの料理はもちろんですが、ご家庭でも、焼き物や炒め物、サラダの隠し味など、食材の味を生かす旨味調味料として大活躍するスパイスです！
　忙しい日々の中で、毎日おいしい料理をできるだけ簡単に作りたい！ そんな思いを持つ方はたくさんいらっしゃると思います。そこで本書では、「ほりにし」を使うことで、ご家庭でも手軽に楽しく料理ができるようなレシピを多数ご紹介しています。かけるだけのレシピからちょっとこだわったレシピまで、和食・洋食を問わずさまざまな料理に活用いただけることがわかると思います。
　20種類以上のスパイスや調味料を独自にブレンドし、1本で何役もこなすオールマイティなスパイス「ほりにし」。ご家庭の料理の〝味つけの救世主〟として、ぜひ「アウトドアスパイス ほりにし」の魅力を味わっていただければ幸いです。

- 2 はじめに
- 6 アウトドアスパイス「ほりにし」のラインアップとおいしさの秘密
- 8 「ほりにし」開発リーダー 堀西晃弘さんインタビュー

PART 1
堀西さんのイチオシ！
おすすめ絶品レシピ

- 16 ローストビーフ
- 18 ペッパーランチ風牛肉プレート
- 19 アクアパッツァ
- 20 ズッキーニとベーコンのほりにし炒め
- 21 ほりにしじゃがバタ
- 22 ほりにし枝豆
- 23 鶏焼き肉のたれ
- 24 バターチキンカレー
- 26 ほりにしアヒージョ
- 27 カプレーゼ
- 28 オイルサーディンのペペロンチーノ
- 29 焼きうどん

COLUMN 01
ちょい足し味変メソッド

- 30 卵かけごはん×ほりにし
- 31 牛丼×ほりにし
- 31 豚汁×ほりにし
- 32 焼きそば×ほりにし
- 32 バタートースト×ほりにし

PART 2
人気インフルエンサー！
長田知恵（つき）さんのレシピ

- 34 スパイシーチキンナゲット
- 36 豚肉のオニオンソースがけ
- 37 鮭のスパイスマヨネーズ焼き
- 38 ふわふわ卵の中華風春雨スープ
- 40 じゃがいもとベーコンのトマトスープ
- 41 えびとブロッコリーのスペイン風オムレツ
- 42 スパイスレモンチキン
- 44 豚もやしのふわたまスパイシー炒め
- 45 細切りジャーマンポテト
- 46 あえるだけ！アボカドと生ハムの旨ドレサラダ
- 48 あえるだけ！たこときゅうりのおつまみ
- 49 れんこんの肉巻き
- 50 みんなの「ほりにし」活用術

COLUMN 02
オリジナルほりにし調味料

- 52 トマトケチャップ×ほりにし
- 52 みそ×ほりにし
- 53 酢×ほりにし
- 53 ごま油×ほりにし
- 53 オリーブ油×ほりにし
- 54 バター×ほりにし
- 54 ヨーグルト×ほりにし
- 54 マスタード×ほりにし

CONTENTS

PART 3

わが家で楽しむ！
ほりにしのおかずレシピ

【肉】
- 56 ほりにしおまかせバーグ
- 58 スパイシーから揚げ
- 59 ガツンとしょうが焼き
- 60 コク旨照り焼きチキン
- 61 チーズとんカツ
- 62 ほりにし餃子
- 64 香味牛たたき
- 65 いつもよりうまいジンギスカン
- 66 クセ強すき焼き
- 67 レタスと豚のピリ辛ごましゃぶ
- 68 つゆだくステーキ
- 70 厚切り豚とにらのラー油炒め
- 71 バーベキュースペアリブ
- 72 鶏むねのほりバタポン酢
- 73 豚キムチなす

【魚介】
- 74 ガーリックシュリンプ
- 76 ほりにし de ポキ
- 77 たこのカルパッチョ熱々オイルがけ
- 78 いかとセロリのほりにし炒め
- 80 ほたてのブルスケッタ
- 81 あじのスパイシーたたき

【野菜・卵】
- 82 ほりにしコロッケ
- 84 たっぷりにらとチーズのチヂミ
- 85 ほりにしりりり
- 86 アボカドの白あえ
- 87 パクチーサラダ
- 88 バーニャほりにし
- 90 野菜のブレゼ風
- 91 白菜とにらのコッチョリ
- 92 手作りシャカシャカポテト
- 93 だし巻かない卵

COLUMN 03
ほりにしスイーツレシピ

- 94 スパイスアップルケーキ
- 95 大人のスパイスチョコ
- 95 ほりにしサブレ
- 96 フレンチほりにし
- 96 キャラメルほりにしポップコーン

PART 4

パパッと作れる！
ごはん&めんのレシピ

【ごはん】
- 98 ひき肉ゴロゴロチャーハン
- 100 さば缶無水ほりにしカレー
- 101 オムライスでもほりにし
- 102 混ぜジャンバラヤ
- 103 和風とろろドリア

【めん】
- 104 スパイス香味肉ぶっかけ
- 106 ほりナポ
- 107 ほりにしホルモン焼きそば
- 108 ほりにしのにらそば
- 109 そうめんチャンプルー

110 おわりに

レシピ表記について

＊計量単位は大さじ1＝15㎖、小さじ1＝5㎖、1合＝200㎖です。

＊電子レンジは600Wのものを使用しています。500Wの場合は加熱時間を1.2倍、700Wの場合は0.8倍で計算してください。

＊電子レンジ、トースター、オーブンは機種により違いがありますので、様子を見ながら加減してください。

アウトドアスパイス「ほりにし」の
ラインアップとおいしさの秘密

白のほりにし

万能アウトドアスパイス
ほりにし

キャンプやBBQの肉料理はもちろん、魚、野菜などにもマッチする仕上がり。食材のおいしさを生かすために塩味を抑え、ペッパーやガーリック、ハーブの香りに唐辛子の辛味で、食材を選ばないオールマイティな調味料です。

おいしさの秘密

＊肉、魚、野菜など、どんな食材にもマッチ
＊20種類以上のスパイスや調味料をブレンド
＊塩やしょうゆなど和風テイストで調和のとれたスパイスの中に、風味豊かなガーリックがアクセント
＊フランス料理などでも使われるミルポアパウダーが食材の旨味を引き出す

赤のほりにし

「旨さ」の中に「辛さ」をプラス
ほりにし辛口

「ほりにし」をベースに辛味成分をブレンド。ただ辛いだけでなく、「ほりにし」の旨さの中に辛さを加えた「旨辛」仕上げです。「ほりにし」にさらに3種類のスパイスが追加され、23種類の素材を絶妙に配合しています。

おいしさの秘密

＊「ほりにし」の旨さの中に辛さをプラスした「旨辛」仕上げ
＊「ほりにし」をベースにさらに3種類のスパイスを追加した、23種類をブレンド
＊七味唐辛子のかわりに焼き野菜や焼き鳥、そばやうどんにかけても辛味が増し、スパイスの風味がアクセントになって絶妙な味わいに

20種類以上のスパイスや調味料をスペシャルブレンドした「ほりにし」。
全4種類の特徴や味の違い、おいしさの秘密をご紹介します。

「白トリュフソルト」配合
ほりにしプレミアム

アウトドアスパイス「ほりにし」に、世界三大珍味のひとつであるトリュフと塩を合わせた「白トリュフソルト」をプラス。白トリュフは、冬しか収穫できないため、希少価値が高くて香りがよいのが特徴です。

おいしさの秘密

* 料理にかけるだけで、高級感のある香りと風味が広がる
* クリーム系のパスタソースやチーズとの相性がよく、まろやかで濃厚な味わいに
* 卵や野菜との相性がよく、卵料理やサラダに少量をかけるだけで、いつもとはひと味違うリッチな気分に

※白トリュフは加熱すると風味も味も薄くなってしまうため、肉や魚介類の加熱料理には調理後の仕上げとして使うことをおすすめします。

燻製アウトドアスパイス
ほりにしブラック

マッシュルームやしいたけなどの旨味成分を追加し、上質な旨味を実現。23種類の素材をブレンドし、「燻製岩塩」が自然な燻製の風味を引き出します。いか墨や黒豆きな粉なども追加し、ほりにしブラックの黒に仕上げました。

おいしさの秘密

* 「ほりにし」よりさらに多い23種類のスパイスや調味料をブレンド
* 燻製料理の代表格である、ゆで卵、チーズ、ソーセージにぴったり
* カルパッチョや刺し身などの生ものにも香ばしい燻製の風味がマッチ

奇跡のスパイス

「ほりにし」開発リーダー 堀西晃弘さん インタビュー

「ほりにし」が生まれたのは、和歌山県のアウトドアショップ「Orange」。
開発の苦労話や命名裏話、家庭でのおすすめの使い方、
商品に込めた思いなどを
開発リーダーの堀西晃弘さんに教えてもらいました。

「ほりにし」の誕生秘話

「キャンプ料理を手間なく作って、早くビールを飲みたい！」

「ほりにし」の開発はそんな思いから始まりました。僕にとってキャンプ場での一番の楽しみは肉料理とビール。ただ、調理に時間がかかるとその分楽しみが減り、スパイスや調味料の準備も面倒です。どんな食材にも合う万能調味料があれば、手早く調理ができて早くビールが飲め、家族や友人とのだんらんの時間も増やせるんじゃないか。そう思ったことがきっかけです。

テイスティングの日々

目標は「日本人の舌に合い、キャンプで肉料理に合う味」です。調理の経験こそありましたが、初の食品開発は手探りのスタートでした。開発するからには誰もがおいしいと思うものを作ろうと、専門家にスパイスの調合をお願いし、社内で試食を繰り返しながら味を磨いていきました。商品化までに作ったサンプルは200種類以上、テイスティングテストは130回以上行いました。

おいしさの秘密

最初に開発した「ほりにし」の原材料は約20種類。どれも欠かせない材料ですが、おいしさの大きな秘密はしょうゆパウダー、ミルポアパウダー、陳皮の3つです。しょうゆパウダーで日本人好みの味を出しつつ、フランス料理にも使われる香味野菜をベースにしたミルポアパウダーで万能の旨味をプラス。みかんの皮を乾燥させた陳皮はさわやかな風味で、地元・和歌山の特産品でもあるため、最後のひと味にしました。

社内のみんなから「おいしい！」という評価を受け、やっと合格したと思える頃には、構想から約5年が経過していました。

開発の苦労

特に大変だったのはテイスティングです。3種類のサンプルを試食して一番おいしいものを選び、そのサンプルをさらにブラッシュアップする方法をとっていました。回を重ねるごとにサンプル間の違いは小さくなり、その中から最適な答えを探すのは本当に大変でした。

開発中は肉、魚、野菜などあらゆる食材との相性を試しています。検証で一日に卵かけごはんを何杯も食べたりと、なかなかしんどい体験もありました。当時はとにかく納得できるものを完成させようと、おいしさを追求する毎日だったんです。

開発中は僕だけでなく、ほかの社員も大変だったと思います。試食の準備をしていると社内には肉を焼くにおいが漂い、「そろそろだな」という空気になるのですが、忙しい人も試食に参加してくれました。みんなの協力がなければできなかったので、本当に感謝しています。

命名の秘話 アウトドアスパイス ほりにし

スパイスが決まっても最後まで決まらなかったのが商品名。アウトドアショップで販売するので「アウトドアスパイス」ということは決まっていましたが、さらにインパクトを与えるネーミングにしたくて、ずっと悩んでいました。

最終的に決め手になったのは代表のひと声でした。ある朝、代表が僕を呼んで、すごくうれしそうな顔でこう言ったんです。

「「ほりにし」でどや！」

このときの情景は今でも鮮明に覚えています。正直な話、自分の名前なので最初は恥ずかしいなと思いましたし、妻も「なんや、それ」と困惑していました。ただ、日本人の舌に合う和のイメージにも合っているし、商品に自分の名前がつくこともなかなかない経験ですから、最後は納得して商品名になりました。

家庭料理でも「ほりにし」が大活躍！

　「Orange」で「ほりにし」の販売を始めたのは2019年4月。味に自信はありましたが、まずは自分たちのお店に来てくださるお客さまに知ってもらえればいいと思っていました。それがイベントで関係者に配ったりしているうちに万能スパイスとして認知度が高まり、1年で約20万本以上を売る大ヒット商品になったんです。

　発売当初は焼いた肉にかけたり、料理の仕上げにかけたりと、手軽に使ってもらえればいいと考えていて、アウトドア以外での利用は想定していませんでした。思わぬ早さで人気になって家庭料理にとり入れてもらえたのは驚きましたし、自分でも気づいていなかったよさが引き出されているようでうれしかったです。

家庭料理で「ほりにし」を使うメリット

① 味つけが簡単で、味つけの失敗なし
② 肉、魚、野菜、どんな食材とも相性抜群
③ 食材にかけるだけでいいので、時短調理ができる
④ 味が決まるので、ほかの調味料の使用は少なくてすむ

　アウトドアシーンだけでなく、「ほりにし」は家庭料理でも大活躍します。万能なところを生かせるので、「ほりにし」だけで味が決まって、時間がなくてもう一品追加したいときなどは、手軽に時短調理ができます。もちろん食材も問いません。
　僕自身も家でよく使いますが、休日の夕ごはんは僕の担当なので、カレーの調味料に使ったり、「ほりにし」をポン酢しょうゆに加えて鍋のつけだれや、「ほりにし」と酢を混ぜて餃子のたれにすると、家族も「おいしい！」と喜んでくれます。商品名に困惑していた妻もすっかり気に入り、ズッキーニを使った料理には必ず「ほりにし」でおいしく味つけをしてくれるんです。

「ほりにし」豆知識

　「ほりにし」は、子どもたちからも大人気。食材の旨味を生かすために塩味を抑えたのがよかったのか、卵かけごはんに「ほりにし」をかけたり、白いごはんにふりかけとして食べてくれているようです。料理の仕上げにかけるだけで、子どもから大人まで楽しめる味になっています。

　スパイスをブレンドしている「ほりにし」には弱点がひとつ。それは湿気で固まりやすいこと。もし瓶の中にかたまりができたら、瓶の裏をキッチンの角などでゴリゴリこすってみてください。振動が伝わって、かたまりを簡単にほぐせます。手元に何種類かあるなら、瓶の裏にあるギザギザ同士をこすり合わせるのも効果的です。開封後は湿度が安定している冷蔵庫での保存がおすすめです。

「ほりにし」への思い

　キャンプでは家族や友達同士で食事をとる時間が絶対にあります。僕はその場面に「ほりにし」があればいいなと思うんです。簡単に料理を作れるからだんらんの時間がたっぷりとれるので、「何作ったの？」「これおいしいね」と会話も生まれます。キャンプだけでなく、家庭でも「ほりにし」がコミュニケーションツールになってもらえれば。最近の家庭はご夫婦が共働きだったり、お子さんが習いごとに行っていたりと、みんなで食卓を囲む時間も少なくなっているようです。「ほりにし」を通して家族間の会話が増えたり、絆が深まってくれたらいいなと思います。

　そもそも「Orange」は「ドキドキ・ワクワクを届けていく」というコンセプトのお店です。調味料がおいしいことは大前提ですが、プラスアルファの価値も提供し、お客さまに新しい魅力を発見してもらえるとうれしいです。

PART 1

おすすめ絶品レシピ

堀西さんのイチオシ！

「ほりにし」開発リーダーの堀西さんが、自宅で作ってほしい絶品レシピを集めました。
家族で食卓を囲みながら、「ほりにし」の味をお楽しみください。

ローストビーフ

材料【2〜3人分】
牛かたまり肉（ももなど好みの部位でOK）　300〜400g
ほりにし　大さじ1
にんにく　1かけ
オリーブ油　大さじ½
好みの野菜、ステーキソース（市販）　各適量

作り方

1　牛肉はフォークで何カ所か刺し、ほりにしをまんべんなくまぶす。にんにくはつぶす。

2　フライパンにオリーブ油とにんにくを入れて弱火で熱し、香りが立ったらにんにくをとり出す。

3　牛肉を上下返しながら全体を中火で焼き、しっかりと焼き色をつける。

4　肉の表面を押して適度な弾力が出たら火を止め、アルミホイルで包んであら熱がとれるまで寝かせる。

5　冷蔵庫で冷やし、薄切りにして器に盛り、好みの野菜、ステーキソースを添える。

ほりにしの風味を
しっかり楽しめて
ボリュームも満点

おすすめの
ほりにし

ペッパーランチ風牛肉プレート

材料【2〜3人分】

牛こまぎれ肉　200g
細ねぎ　3本
ホールコーン缶　1缶（190g）
あたたかいごはん　1合分
バター　20g
サラダ油　大さじ½
ほりにし、ステーキソース（市販）
　各大さじ1

作り方

1　細ねぎは小口切りにする。
2　フライパンにサラダ油を入れて強火で熱し、牛肉、コーン、ごはんを炒める。
3　牛肉に火が通ったら、ほりにし、ステーキソースを加えてさらに炒める。
4　細ねぎを散らし、バターをのせる。

 堀西 's COMMENT
ほりにしに入っているにんにくの風味が、肉とごはんをさらにおいしくしてくれます。

おすすめの
ほりにし

アクアパッツァ

おつまみ

材料【2人分】
白身魚（切り身） 2切れ
にんにく 1かけ
ミニトマト 8個
あさり（砂出しずみ）
　12個（100g）
オリーブ油　大さじ1
白ワイン　100mℓ
ほりにし　小さじ1

作り方

1 にんにくはつぶす。

2 フライパンにオリーブ油とにんにくを入れて弱火で熱し、香りが立ったら魚を皮目を下にして焼く。

3 皮がパリッとしたら上下を返し、あさり、ミニトマト、白ワインを加え、ふたをして蒸す。

4 あさりの殻が開き、魚に火が通ったら、ほりにしをかける。好みであらいみじん切りにしたイタリアンパセリを散らす。

 堀西's COMMENT
ほりにしのスパイスは魚にもぴったり。魚のくさみを消して、おいしさもアップします！

PART 1

ほりにしと
にんにくをきかせた
パンチのある味わい

> ベーコンの旨味と
> ほりにしの味わいを生かした
> 絶品レシピ

 おすすめの ほりにし

ズッキーニとベーコンの ほりにし炒め

 お弁当　 おつまみ

材料【2人分】
ズッキーニ　2本
　（250g、大きければ1本でも可）
ブロックベーコン　80g
オリーブ油　大さじ1
ほりにし　小さじ½

作り方

1. ズッキーニは1cm厚さの小口切り、ベーコンは1cm幅の短冊切りにする。
2. フライパンにオリーブ油を入れて中火で熱し、ベーコンを炒める。
3. ズッキーニを加えて炒め、ほりにしを加えて炒め合わせる。

 堀西 's COMMENT
ズッキーニとほりにしは相性抜群。ベーコンのかわりに豚バラ肉で作ってもOKです！

ほりにしじゃがバタ

材料【2人分】
じゃがいも　2個（250〜300g）
バター　20g
ほりにし　小さじ2

作り方

1. じゃがいもは洗い、皮ごとくし形切りにする。
2. 耐熱容器に並べ、電子レンジで2〜3分加熱する。
3. 火が通ったら器に盛り、バターをのせてほりにしをかける。

堀西's COMMENT
少ない材料ですぐに作れるお手軽レシピ。お好みの種類のほりにしで召し上がれ！

PART 1

ほりにしの量はお好みでOK。忙しくても作れる時短おかず

ほりにしの風味で
思わず手が止まらなくなる
おいしさに

おすすめの
ほりにし

ほりにし枝豆

おつまみ

材料【2人分】
枝豆　1束（250g）
にんにく　1かけ
塩　小さじ1
オリーブ油　大さじ1
ほりにし　小さじ1

作り方

1. にんにくは薄切りにし、枝豆はボウルに入れて塩もみをする。
2. 鍋に湯を沸かし、塩がついたままの枝豆を4〜6分ゆでる。
3. フライパンにオリーブ油とにんにくを入れて中火で熱し、2を炒め、ほりにしを加えてざっと混ぜる。

堀西's COMMENT
冷凍枝豆で手軽に作ってもOKです。ほりにし辛口を使えば辛さをプラスできます！

おすすめの
ほりにし

鶏焼き肉のたれ

おつまみ

PART 1

材料【2人分】
鶏肉（やげん軟骨、もも肉、
　手羽先など好みの部位でOK）
　適量
塩　適量
A｜大根　100g
　｜ポン酢しょうゆ　大さじ1
　｜ほりにし　小さじ1

作り方
1　鶏肉は軽く塩を振って中火で焼き、器に盛る。
2　大根はすりおろして軽く水けをきる。
3　Aは混ぜ合わせ、1に添える。

堀西's COMMENT
ほりにしのスパイシーさでひと味
違うおいしさに。辛党の人はほり
にし辛口で作っても。

さっぱり味と
ほりにしの組み合わせで
クセになるおいしさ

おすすめの
ほりにし

バターチキンカレー

材料【2〜3人分】
鶏手羽元　6本
A｜プレーンヨーグルト　200g
　｜ほりにし　大さじ½
玉ねぎ　1個（200g）
にんにく、しょうが　各1かけ
ホールトマト缶　1缶（400g）
カレー粉　大さじ3
洋風スープのもと（固形）　1個
バター　30g
生クリーム　大さじ3

作り方

1　手羽元はフォークで何カ所か刺し、混ぜ合わせたAにつける。

2　玉ねぎとにんにくはあらいみじん切り、しょうがはせん切りにする。

3　鍋にバターの半量を入れて熱し、玉ねぎを茶色くなるまで弱めの中火で炒める。

4　にんにく、しょうがを加えて炒め、トマト缶を加えて5分煮る。

5　水分がある程度とんだらカレー粉を加えて混ぜ、鶏肉をつけだれごと加える。

6　水200mlと洋風スープのもとを加えて10〜15分煮込み、残りのバターと生クリームを加えてひと混ぜする。

堀西's COMMENT
スパイスがたっぷり入ったほりにしを使えば、簡単にスパイスカレーを作れます！

魚介の旨味と
ほりにしはぴったり。
お好みの具材で作ってもOK

おすすめの
ほりにし

ほりにしアヒージョ

材料【2人分】

シーフードミックス（冷凍）
　200g
エリンギ　2本
ミニトマト　6個
にんにく　1かけ
オリーブ油　大さじ6
ほりにし　小さじ1

作り方

1. シーフードミックスは解凍して水けをふく。エリンギは縦半分に切ってから3～4cm長さに切る。にんにくはつぶす。

2. 小さめのフライパンにオリーブ油とにんにくを入れて中火で熱する。

3. にんにくの香りが立ったら、シーフードミックス、エリンギ、ミニトマトを加えてひと煮立ちさせる。

4. ほりにしを加え、全体に火が通るまで煮る。

 堀西's COMMENT
味つけは、ほりにしにおまかせ。スパイスの風味でひと味違ったアヒージョになります！

おすすめのほりにし

カプレーゼ

おつまみ

材料【2人分】
トマト　1個
モッツァレラチーズ　1個
A│オリーブ油　大さじ1
　│白ワインビネガー、レモン汁
　│　各小さじ1
　│ほりにし　小さじ½

作り方

1　Aは混ぜ合わせてドレッシングを作る。

2　トマトとモッツァレラチーズは1cm厚さの輪切りにする。

3　器にトマトとモッツァレラチーズを交互に重ねながら盛り、1をかける。

 堀西's COMMENT

ほりにしは、ビネガーなど酸味のある調味料と合わせるのもおすすめです。

オリジナルほりにしドレッシング。好みのサラダにかけても

コクのある
しっかりした味わいで
やみつきになるおいしさ

おすすめの
ほりにし

オイルサーディンのペペロンチーノ

材料【2人分】
好みのパスタ　200g
にんにく　1かけ
オリーブ油　大さじ2
オイルサーディン缶　1缶（75g）
ほりにし　小さじ1

作り方

1. にんにくはみじん切りにする。パスタは塩（分量外）を加えた熱湯で袋の表示時間どおりにゆでる（ゆで汁はとっておく）。
2. フライパンにオリーブ油とにんにくを入れて弱火で熱する。
3. にんにくが軽く色づいたら中火にし、オイルサーディンとパスタのゆで汁（お玉1杯分ほど）を加えて混ぜ、パスタを加える。
4. 水分がパスタにからんだら、ほりにしを加えて混ぜる。

堀西's COMMENT
ほりにしとにんにくの風味をきかせた絶品パスタです。好みでレモンをしぼってもOK！

おすすめの
ほりにし

焼きうどん

材料【2人分】
うどん（ゆで）　2玉
豚バラ薄切り肉　200g
キャベツ　100g
にんじん　30g
玉ねぎ　¼個（40〜50g）
酒　大さじ3
ほりにし、サラダ油　各大さじ1
塩、こしょう　各適量

作り方

1　キャベツはざく切り、にんじんは短冊切り、玉ねぎは薄切りにする。豚肉は食べやすい大きさに切る。

2　フライパンにサラダ油を入れて中火で熱し、豚肉を炒め、軽く塩、こしょうを振る。

3　野菜を加えてしんなりするまで炒め、うどんを加えて酒を振り、ほぐしながら炒める。

4　水分がなくなったら、ほりにしを加えて炒め合わせる。

堀西's COMMENT
ガツンときいたほりにしのスパイスで、いつもと違う焼きうどんに変身します！

仕上げに加える
ほりにしで風味とコクを
楽しめる一品に

PART 1

COLUMN 01

ほりにしをかけるだけ！
ちょい足し味変メソッド

いつも食べている料理に適量のほりにしをかけるだけ。
ただそれだけで、また違ったおいしさを発見できる
魔法のようなメソッドを紹介します。

卵かけごはん×ほりにし

スパイシーな味わいに！

ほりにしの風味とコクで、クセになる人が続出している食べ方です。朝食や小腹がすいたときに好みの種類のほりにしをかけてみてください！

牛丼×ほりにし

ほりにしをかければ、いつもの牛丼の味が劇的に変わります。ほりにし辛口を使えば、辛さもアップして食欲を刺激し、ごはんが進みます！

七味唐辛子のかわりに！

豚汁×ほりにし

汁物にもほりにしを活用！

ほりにしは和風だしの風味にもマッチするので、みそ汁に入れてもOKです。好みでほりにし辛口で辛味を出すのもおすすめです！

焼きそば×ほりにし

中華風ソースとほりにしが相乗効果を発揮します。お総菜や冷凍食品の焼きそばにかけるだけで、おいしさがアップ！

ソースとの相性が抜群！

バタートースト&ほりにし

トーストにもほりにし！

ほりにしはごはんだけでなく、パンにも合う味わいになっています。朝食に味の変化がほしいときは、ほりにしをかけてみてください！

PART 2

長田知恵(つき)さんのレシピ

人気インフルエンサー！

Instagramフォロワー数32.7万人の長田さんが考案したレシピ。「ほりにし」の特徴を生かしたアイディアたっぷりの料理です。

長田知恵（つき）
料理研究家
身近な食材で簡単に作れるごはんやお菓子を日々、ブログやInstagramにて更新中。アメーバ公式トップブロガー。最新刊『つきの家族食堂 大好評の素朴なおやつ』（宝島社）など著書多数。
アメーバブログ https://ameblo.jp/moon3sun8/　Instagramアカウント @tsukicook

おすすめの
ほりにし

スパイシー
チキンナゲット

材料【2〜3人分】

鶏むね肉（皮なし）　250g

A｜卵　1個
　｜かたくり粉　大さじ2
　｜マヨネーズ　大さじ1
　｜ほりにし　小さじ2
　｜おろしにんにく　小さじ½

サラダ油　適量

作り方

1　鶏肉はあらいみじん切りにし、包丁でたたいてミンチ状にする。

2　ボウルに1とAを入れ、スプーンで混ぜる。

3　フライパンにサラダ油を深さ5mmほど入れて強めの中火で熱し、2をスプーン2本でひと口大にして落とし入れる。

4　両面が色づくまでときどき返しながら4〜5分揚げ焼きにする。

5　油をきって器に盛り、好みでカットレモンとトマトケチャップを添える。

堀西's COMMENT
淡泊な鶏むね肉もほりにしをプラスすれば、スパイシーで風味豊かな味になります！

仕上げに
ほりにしを加えて
スパイシーさをプラス

豚肉のオニオンソースがけ

材料【2人分】
豚ロース肉（しょうが焼き用）
　5枚
玉ねぎ　¼個（50g）
塩、こしょう　各少々
小麦粉、サラダ油　各小さじ2
A｜酒　大さじ2
　｜しょうゆ　大さじ1
　｜砂糖　大さじ½
　｜酢、トマトケチャップ
　｜　各小さじ2
ほりにし　小さじ½
好みの野菜　適量

作り方

1　豚肉は半分に切って塩、こしょうを振り、小麦粉を薄くまぶす。玉ねぎはみじん切りにする。

2　フライパンにサラダ油を入れて中火で熱し、豚肉を炒め、色が変わったらとり出す。

3　フライパンに玉ねぎ、Aを入れ、玉ねぎがしんなりするまで炒めて火を止める。

4　豚肉を戻し入れ、ほりにしを加えて混ぜる。器に盛り、好みの野菜を添える。

堀西's COMMENT
ほりにしの香りを引き立たせるには、最後に加えてさっと混ぜる程度が◎。

おすすめの
ほりにし

鮭のスパイスマヨネーズ焼き

材料【2人分】
鮭（切り身）　2切れ
塩　少々
A｜マヨネーズ　大さじ3
　｜ほりにし　小さじ½

作り方

1　オーブントースターの天板にアルミホイルを敷き、キッチンペーパーでサラダ油（分量外）を塗る。

2　鮭は塩を振る。Aは混ぜ合わせる。

3　天板に鮭を並べ、Aを塗る。

4　オーブントースターで12分ほど焼く。器に盛り、好みで貝割れ菜を添える。

堀西 's COMMENT

マヨネーズとほりにしの相性は抜群。鶏肉に塗って焼いてもおいしく楽しめます！

塗って焼くだけの簡単メニュー。ごはんが進むコクのある味わいに

おすすめの
ほりにし

ふわふわ卵の中華風春雨スープ

ほりにしの香りが◎。
具だくさんのスープで
朝食にもおすすめ

材料【2人分】

緑豆春雨（乾燥、ショートタイプ）　15g
ねぎ　10cm
しいたけ　2個
かに風味かまぼこ　40g
とき卵　1個分
カットわかめ（乾燥）　2g
A｜水　400ml
　｜鶏ガラスープのもと（顆粒）　小さじ1
　｜白だし、酒　各小さじ2
B｜ほりにし　小さじ½
　｜ごま油　小さじ2
いり白ごま　適量

作り方

1　ねぎは斜め薄切り、しいたけは薄切り、かに風味かまぼこは手で裂く。

2　鍋にAと1、春雨、わかめを入れて中火で熱し、煮立ったら火を少し弱めて3分煮る。

3　火を少し強めて沸騰したらとき卵を回し入れ、卵がふわふわと浮いてきたら火を止める。

4　Bを加えてひと混ぜし、器に盛ってごまを振る。

堀西's COMMENT

中華系のスープ＋ほりにしでスパイスの香りをプラスし、風味豊かなスープに！

具材の旨味と
ほりにしの風味で
クセになるおいしさ

おすすめの
ほりにし

じゃがいもとベーコンのトマトスープ

材料【2人分】
ハーフベーコン　4枚
じゃがいも　1個（100g）
玉ねぎ　¼個（50g）
にんじん　40g
オリーブ油　大さじ1
A　水　200ml
　　カットトマト缶　½缶（200g）
　　洋風スープのもと（顆粒）
　　　小さじ1
ほりにし　小さじ1

作り方

1　ベーコン、じゃがいも、玉ねぎは1cm角、にんじんは5mm角に切る。

2　鍋にオリーブ油を入れて中火で熱し、1を2分ほど炒める。

3　Aを加えて煮立ったら弱火にし、ふたをして野菜がやわらかくなるまで12分ほど煮る。

4　火を止め、ほりにしを加えて混ぜる。器に盛り、好みで刻みパセリを散らす。

 堀西's COMMENT
トマトスープにほりにしの香りが◎。具材を減らしてパスタを加え、スープパスタにしても。

おすすめの
ほりにし

えびとブロッコリーの
スペイン風オムレツ

材料【作りやすい分量】
むきえび　100g
卵　3個
ブロッコリー
　（小房に分けてゆでる）　100g
ミニトマト　6個
バター　5g
ほりにし　少々
A｜牛乳　大さじ4
　｜洋風スープのもと（顆粒）、
　｜　塩　各少々
サラダ油　小さじ1
トマトケチャップ　適量

作り方

1　ボウルに卵をときほぐし、Aを加えて混ぜる。ミニトマトは半分に切る。

2　フライパンにバターを入れて中火で熱し、えびを炒め、ほりにしを振る。

3　1のボウルに2とブロッコリーを加えて混ぜる。

4　フライパンにサラダ油を入れて強火で熱し、3を流し入れる。大きく混ぜて半熟状になったら、ミニトマトを加える。

5　ふたをして弱火で5分ほど焼き、上下を返して2分ほど焼く。器に盛り、ケチャップを添える。

堀西's COMMENT
ほりにしは、エビなどの魚介類とも相性抜群。魚介の旨味をしっかり引き出してくれます。

> ほりにしでえびにしっかり味をつけるのがおいしさのポイント

おすすめの
ほりにし

スパイスレモンチキン

材料【2人分】
鶏もも肉　小2枚（400g）
塩　少々
サラダ油　小さじ2
A ｜ 酒、レモン汁　各大さじ1
　 ｜ ほりにし　小さじ2/3
レモン（輪切り）　2切れ
好みの野菜　適量

作り方

1　鶏肉は厚みのある部分に切り込みを入れ、塩をまぶす。Aは混ぜ合わせる。

2　フライパンにサラダ油を入れて中火で熱し、鶏肉を皮目を下にして並べ入れる。

3　ときどきへらで押さえながら焼き色がつくまで6分焼き、上下を返して3分焼く。

4　フライパンの余分な脂をキッチンペーパーでふき、Aを加えてからめる。

5　器に盛り、好みの野菜とレモンを添える。

堀西's COMMENT
ほりにしプラスでガツンとした旨味を楽しめるレモンソースに変身します。

> ふんわり卵と
> ほりにしの旨味で
> ごはんにぴったりのおかずに

おすすめの
ほりにし

豚もやしのふわたまスパイシー炒め

材料【2人分】
豚バラ薄切り肉　180g
卵　2個
もやし　½袋（100g）
小松菜　½束（100g）
マヨネーズ　大さじ1
塩、こしょう　各少々
ごま油　小さじ2
A｜鶏ガラスープのもと（顆粒）、
　｜　ほりにし　各小さじ½
　｜しょうゆ　小さじ1
サラダ油　小さじ2

堀西's COMMENT
炒め物はほりにしにおまかせ。風味とコクでひと味違うおいしさを楽しめます！

作り方

1. ボウルに卵をときほぐし、マヨネーズを加えて混ぜる。豚肉は4cm幅に切り、小松菜は3cm長さに切る。もやしは洗って水けをきる。Aは混ぜ合わせる。

2. フライパンにサラダ油を入れて強火で熱し、卵液を流し入れて大きく混ぜ、半熟状になったらとり出す。

3. フライパンにごま油を入れて中火で熱し、豚肉を加えて塩、こしょうを振り、色が変わるまで炒める。

4. もやしと小松菜を加えてさっと炒め、Aを加えて混ぜる。

5. 火を止め、卵を戻し入れて軽く混ぜ合わせる。

おすすめの
ほりにし

細切りジャーマンポテト
お弁当　おつまみ

材料【2人分】
ウインナソーセージ　4本
じゃがいも　1個（200g）
玉ねぎ　¼個（50g）
サラダ油　大さじ1
A ｜ 酒　小さじ2
　｜ 洋風スープのもと（顆粒）
　｜　小さじ1
　｜ バター　10g
ほりにし　小さじ½

作り方

1　ソーセージは斜め薄切りにする。じゃがいもは細切りにして水にさらし、水けをきる。玉ねぎは薄切りにする。

2　フライパンにサラダ油を入れて中火で熱し、じゃがいもを3〜4分炒め、ソーセージと玉ねぎを加えてさらに炒める。

3　じゃがいもに火が通ったらAを加えてからめ、仕上げにほりにしをかける。

堀西's COMMENT
じゃがいもとほりにしの組み合わせは間違いなし。満足感のある味わいになります！

「ほりにしの旨味でごはんにもお酒にも合う絶品おかずに」

おすすめの
ほりにし

あえるだけ！
アボカドと生ハムの旨ドレサラダ

おつまみ

ほりにしを使った
オリジナルドレッシングで
野菜をおいしく

材料【2人分】
アボカド　1個
ミニトマト　6個
グリーンレタス　2〜3枚
生ハム　30g
A ｜ オリーブ油、めんつゆ（2倍濃縮）
　　各大さじ1
　　酢　小さじ2
　　砂糖、ほりにし　各小さじ1
　　おろしにんにく　小さじ1/2

作り方

1　ボウルにAを入れ、ホイッパーでしっかり混ぜる。

2　アボカドはひと口大に切り、ミニトマトは半分に切る。グリーンレタスと生ハムは食べやすい大きさにちぎる。

3　1に2を加えてあえる。

堀西's COMMENT
ほりにしはドレッシングに使っても大活躍。スパイシーでクセになる味わいになります。

パンチのある
ほりにしの味がさっぱり
きゅうりにぴったり

 おすすめの
ほりにし

あえるだけ！
たこときゅうりのおつまみ

 おつまみ

材料【2人分】
ゆでだこ　100g
きゅうり　1本
ほりにし　小さじ1
鶏ガラスープのもと（顆粒）
　小さじ½
ごま油　小さじ2

作り方

1　きゅうりはめん棒で軽くたたき、縦半分に切ってから斜め切りにする（種は除いたほうが水っぽくならない）。

2　たこは厚めの斜め切りにする。

3　ボウルにすべての材料を入れてあえる。

 堀西 's COMMENT
ほりにしはお好みでガッツリ加えても◎。ほりにし辛口ならおつまみ感もアップします！

おすすめの
ほりにし

れんこんの肉巻き

お弁当　おつまみ

材料【2人分】
豚バラ薄切り肉　10枚
れんこん　小1節（150g）
※8mm厚さの半月切り10切れ
青じそ　6枚
かたくり粉　適量
酒　大さじ1
A ｜ ポン酢しょうゆ　大さじ3
　 ｜ 酒、みりん　各大さじ1
ほりにし　適量

堀西's COMMENT
仕上げにかけるので、ほりにしの香りとコクを存分に楽しめるレシピです！

作り方

1. れんこんは8mm厚さの半月切りにし、水に3分さらし、水けをふく。青じそはせん切りにする。

2. 豚肉は広げ、れんこんを手前にのせてクルクルと巻き、手でにぎるように押さえ、かたくり粉を薄くまぶす。

3. フライパンを中火で熱し、2を巻き終わりを下にして並べ入れる。焼き色がついたら上下を返し、酒を加えてふたをし、弱火で5分焼く。

4. フライパンの余分な脂をキッチンペーパーでふき、Aを加えてからめ、とろりとしたら火を止め、ほりにしをかける。器に盛り、青じそをのせる。

さっぱり感とコクの絶妙なバランス。ほりにしの風味がアクセントに

＼ こんなときは「ほりにし」 ／
みんなの「ほりにし」活用術

Instagramで紹介されている「ほりにし」の活用術を紹介します。
わが家ではこんなときに「ほりにし」を使う！ という皆さまのアイディアを集めました。

エリー：絵描くように盛り付け♪ さん
【 Instagramアカウント 】 @nicolalala68

万能に使えて便利！

万能調味料の「ほりにし」なので、炒め物はもちろん、オムライスやチャーハン、エスニック焼きそば、ポテトサラダにもかけて、ひと味違うパンチのきいた仕上がりを楽しんでいます！

大橋みちこさん
【 Instagramアカウント 】@michiko_wine_tsumami

味のアクセントに大活躍！

「ほりにし」は味がしっかりあるので、ベースの調味料としてさまざまな料理に使っています。ソースやドレッシングのアクセント、和食の意外なアクセントとしても使い勝手抜群です！

とんちゃん。さん
【 Instagramアカウント 】@tonco67

子どもにも大人気！

「ほりにし」のにんにくの香りを生かして、パスタにかけたら大正解。ペペロンチーノ風に楽しんでいます！ フライドポテトには、絶対にほりにしをまぶして食べます！ うちの子どもにも大人気です！

Chrollo 札幌 キャンプ ゴルフ お酒さん
【 Instagramアカウント 】@chrollo47l

素材の味も生かして！

肉や魚を焼いて、「ほりにし」をかけすぎないようにして素材の味も楽しんでいます。「ほりにしブラック」×サーモンでスモークサーモンのようにして作った、サーモンと玉ねぎのサラダがお気に入りです！

COLUMN 02

いつもの調味料が大変身！
オリジナルほりにし調味料

市販の調味料に適量のほりにしをプラス。
さまざまな料理に合わせられるオリジナル調味料なら
いつもと違う味わいを楽しめます！

ケチャップの酸味にほりにしのコクが合う

トマトケチャップ×ほりにし

おすすめの料理
＊オムライスやチキンライス
＊フライドポテト
＊ナポリタン

みそにほりにしのスパイシーさをプラス

みそ×ほりにし

おすすめの料理
＊焼きおにぎり
＊肉野菜炒め
＊ホイル焼き

コクのあるほりにしと酸味の絶妙なバランス

酢×ほりにし

おすすめの料理
- ＊餃子のたれ
- ＊ドレッシング
- ＊焼きそば

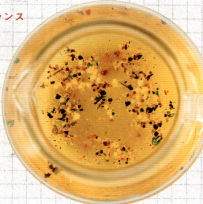

ごま油とほりにしで風味豊かな味わいに

ごま油×ほりにし

おすすめの料理
- ＊ナムル
- ＊チョレギサラダ
- ＊油そば

オリーブ油のコクとスパイスで奥深い味に

オリーブ油×ほりにし

おすすめの料理
- ＊ピザ
- ＊カルパッチョ
- ＊各種チーズ

濃厚バターにスパイスの風味がベストマッチ
バター×ほりにし

おすすめの料理
- ＊ガーリックトースト
- ＊オムレツ
- ＊各種パスタ

ほどよい酸味にほりにしのコクがぴったり
ヨーグルト×ほりにし

おすすめの料理
- ＊ポテトサラダ
- ＊カレー
- ＊チキンのトマト煮

スパイシーなマスタードでクセになる味わい
マスタード×ほりにし

おすすめの料理
- ＊サンドイッチ
- ＊ソーセージやベーコン
- ＊から揚げ

PART 3

わが家で楽しむ！

ほりにしのおかずレシピ

肉や魚介類、野菜など、「ほりにし」の特徴と食材との相性を生かした家庭料理をご紹介。
豊富なレシピの中から、食べたいメニューがきっと見つかります。

おすすめの
ほりにし

ほりにしおまかせバーグ

お弁当

材料【2人分】

合いびき肉　200〜250g
玉ねぎ　½個（100g）
ほりにし　小さじ2
卵　1個
サラダ油　大さじ½
A｜パン粉、牛乳
　｜　各大さじ3

ソース
｜赤ワイン　大さじ2
｜水　大さじ1と½
｜みりん　大さじ½
｜トマトケチャップ、ウスターソース
｜　各小さじ1
｜しょうゆ、ほりにし　各少々
バター　10g

作り方

1　玉ねぎはみじん切りにして耐熱容器に入れ、電子レンジで1分加熱し、冷ます。Aは混ぜ合わせる。

2　ボウルにひき肉、玉ねぎ、A、卵、ほりにしを入れて粘りがでるまでよくねり、2等分して円盤状にととのえる。

3　フライパンにサラダ油を入れて中火で熱し、2を並べ入れて両面に焼き色がつくまで焼く。

4　ふたをして弱火にし、7〜8分焼いて中まで火を通し、器に盛る。

5　フライパンにソースの材料を入れて中火で煮詰める。

6　5にバターを加えて混ぜ、ハンバーグにかける。好みでほりにしをかけたマッシュポテトなどを添える。

堀西's COMMENT
ほりにしに入っているスパイス成分を生かしたハンバーグです。塩、こしょうは必要なし！

ほりにしを使えば
下味がしっかり。
子どもも大好きな味わいに

 おすすめの ほりにし

スパイシーから揚げ

材料【2人分】
鶏もも肉　1枚（300g）
ほりにし　適量
酒　大さじ1
小麦粉　小さじ2
かたくり粉、揚げ油　各適量

作り方

1　鶏肉はひと口大に切り、ボウルまたはポリ袋などに入れ、ほりにし小さじ2、酒を加えてもみ込み、30分ほどおく。

2　小麦粉を加えてよく混ぜ、かたくり粉をまぶす。

3　170度に熱した揚げ油で揚げる。器に盛り、ほりにし適量をかけ、好みでレモンを添える。

 堀西's COMMENT
すべての味つけがほりにしだけで完成する簡単から揚げです。ほりにし辛口を使えば大人味に！

おすすめの
ほりにし

ガツンとしょうが焼き

材料【2人分】
豚肩ロース薄切り肉　6〜8枚
にんにく　1かけ
サラダ油　小さじ2
たれ
　┃しょうゆ、みりん
　┃　各大さじ1と½
　┃酒　大さじ1
　┃砂糖　小さじ1
　┃おろししょうが　大さじ½
　┃ほりにし　小さじ1
好みの野菜　適量

作り方

1　にんにくは薄切りにする。たれの材料は混ぜ合わせる。

2　フライパンにサラダ油とにんにくを入れて中火で熱し、豚肉の両面を焼く。

3　たれを加え、豚肉にからめるように焼く。

4　器に盛り、好みの野菜を添える。

堀西's COMMENT
しょうが焼きにガツンとしたほりにしのコクと風味を加えた、パンチのある仕上がりです！

PART 3

ほりにしの風味を
たれにプラス。ひと味違う
しょうが焼きに変身

> たれにも
> ほりにしを使って
> 大満足の味わい

おすすめの ほりにし

コク旨照り焼きチキン

材料【2人分】
鶏もも肉　1枚（300g）
サラダ油　小さじ1
たれ
　　酒　大さじ3
　　しょうゆ、みりん　各大さじ2
　　砂糖　大さじ1
　　ほりにし　小さじ1
好みの野菜　適量

堀西's COMMENT
甘辛く仕上げたたれにほりにしのスパイシーさをプラスした、パンチのある味わいです。

作り方

1. 鶏肉は厚みのある部分に切り込みを入れる。たれの材料は混ぜ合わせる。

2. フライパンにサラダ油を入れて中火で熱し、鶏肉を皮目を下にして5〜7分焼く。

3. 鶏肉の上下を返してふたをし、2分ほど蒸し焼きにする。

4. フライパンの余分な脂をキッチンペーパーでふき、たれを加えて強火にし、鶏肉にからめるようにして煮詰める。

5. 食べやすく切って器に盛り、好みの野菜を添える。

おすすめの
ほりにし

チーズとんカツ

お弁当

材料【2人分】
豚ロース薄切り肉　6〜8枚
ほりにし　小さじ2
青じそ　6〜8枚
スライスチーズ　6〜8枚
小麦粉、とき卵、パン粉、揚げ油
　各適量
とんかつソース　適量
好みの野菜　適量

作り方

1　豚肉は広げて並べ、ほりにしを振る。

2　チーズは豚肉の大きさに合わせて折る。豚肉に青じそ、チーズを順にのせて二つ折りにする。

3　小麦粉、とき卵、パン粉の順に衣をつけ、170度の揚げ油で揚げる。

4　器に盛り、ソースをかけて好みの野菜を添え、好みでほりにしをかける。

堀西's COMMENT
コクのあるほりにしの味をチーズが絶妙なバランスにしてくれます。ほどよい味わいに！

チーズとほりにしの相性は抜群。薄切り肉でも食べごたえ◎

おすすめの
ほりにし

ほりにし餃子
おつまみ

酢＋ほりにしの
つけだれで
やみつきになる味わいに

材料【2〜3人分】
豚ひき肉　150g
キャベツ　120g
にら　30g
にんにく、しょうが　各½かけ
A ｜ ほりにし　大さじ1
　｜ ごま油　大さじ½
餃子の皮　20枚
サラダ油、ごま油　各適量
酢、ほりにし　各適量

作り方

1　キャベツとにらはみじん切りにする。にんにく、しょうがはすりおろす。

2　ボウルにひき肉、A、にんにく、しょうがを入れ、粘りが出るまでよくねる。

3　キャベツとにらを加え、均一になるように混ぜる。

4　餃子の皮に3をのせて包む。

5　フライパンにサラダ油を入れて中火で熱し、4を並べ入れる。

6　熱湯少々を加え、ふたをして蒸し焼きにする。水分がなくなったら、ごま油を鍋肌から回し入れて皮をパリッとさせる。

7　器に盛り、酢とほりにしを混ぜたたれを添える。

堀西's COMMENT
肉だねの味つけにほりにしを使えば、スパイスの風味で、ほかとは違う餃子を楽しめます！

ほりにしをまぶして
牛肉にしっかり下味を
つけるのがポイント

おすすめの
ほりにし

香味牛たたき おつまみ

材料【2人分】
牛肉（ステーキ用）　1枚（200g）
ほりにし　小さじ1
細ねぎ　2〜3本
卵黄　1個分
にんにく　1かけ
オリーブ油　大さじ1
酒　大さじ2
しょうゆ　少々
パルメザンチーズ　適量

作り方

1. 牛肉はほりにしをまぶして10分ほどおく。にんにくは薄切り、細ねぎは小口切りにする。

2. フライパンにオリーブ油とにんにくを入れて弱火で熱し、焼き色がついたらとり出す。

3. 強火にし、牛肉の両面を30秒ずつ焼いてとり出す。フライパンに酒、しょうゆを入れて混ぜ、ソースを作る。

4. 牛肉を食べやすく切って器に盛り、3のソースをかけ、細ねぎ、2のにんにくを散らす。卵黄をのせ、パルメザンチーズを振り、好みでほりにしをかける。

 堀西's COMMENT
香味づけにほりにしを使用。スパイシーな味わいでおつまみに最適です。ごはんにのせて食べてもOK。

おすすめの
ほりにし

いつもよりうまいジンギスカン

材料【2人分】
ラム薄切り肉　200g
もやし、玉ねぎ、ししとうがらし
　（またはピーマン）、
　　かぼちゃなど　各適量
サラダ油　適量
たれ
　　玉ねぎ　1/4個（50g）
　　りんご（りんごジュース
　　　でも可）　1/4個（50g）
　　にんにく、しょうが　各1かけ
　　酒　大さじ1と1/3
　　ほりにし　小さじ2

作り方

1. たれの玉ねぎ、りんご、にんにく、しょうがはフードプロセッサーでかくはんする（フードプロセッサーがない場合は、すりおろす）。
2. ボウルにたれの材料を入れ、ラム肉をつける。
3. 玉ねぎ、かぼちゃは食べやすい大きさに切る。
4. フライパンにサラダ油を入れて中火で熱し、野菜をまわりにおき、中央に2をのせて火が通るまで焼く。

 堀西's COMMENT
少しクセのあるラム肉とほりにしは相性抜群。ラム肉の旨味が引き立ちます！

ほりにしは、ラム肉、野菜にもぴったり。風味プラスでおいしさアップ

ほりにしプラスで濃厚な味わいに。スパイスの風味も◎

おすすめのほりにし

クセ強すき焼き

材料【2人分】

牛薄切り肉　200g
ねぎ　2本
春菊　1束
牛脂（またはサラダ油）　適量
卵　2個
割り下
　しょうゆ、酒、みりん
　　各50㎖
　砂糖　20g
　ほりにし　小さじ2

作り方

1. ねぎは5cm長さに切り、春菊はざく切りにする。割り下の材料は混ぜ合わせる。
2. 鍋を中火で熱して牛脂をとかし、ねぎを焼き色がつく程度に焼く。
3. ねぎを端に寄せ、割り下を加える。
4. 牛肉を加えてからめるように焼き、春菊を加える。好みのやわらかさになったら、とき卵につけて食べる。

堀西 's COMMENT

すき焼きにもほりにしを加えてアクセントに。
甘辛でスパイシー、クセになる味わいです！

おすすめの ほりにし

レタスと豚のピリ辛ごましゃぶ

お弁当

材料【2人分】

豚肉（しゃぶしゃぶ用、好みの部位でOK）　200g
レタス　1個
酢　小さじ1
ほりにし　小さじ1
ごまだれ
　ねり白ごま　大さじ3
　しょうゆ　大さじ½
　砂糖　大さじ½
　豆板醤　少々

作り方

1　豚肉は食べやすい大きさに切り、レタスは大きめにちぎる。

2　ごまだれの材料は混ぜ合わせ、水大さじ1と½を少しずつ加えてのばし、酢、ほりにしを加えて混ぜる。

3　鍋に湯を沸かし、レタスと豚肉をさっとくぐらせて火を通す。

4　水けをきって3を器に盛り、2をかける。

 堀西's COMMENT

ほりにしを加えたごまだれはスパイシーでクリーミー！ ドレッシングとして楽しんでもOKです。

PART 3

ごまだれとほりにしのバランスが絶品。ほどよくさっぱりと楽しめる

濃厚ソースが
食欲を刺激する。
見た目も味も大満足の一品

おすすめの
ほりにし

つゆだくステーキ

材料【2人分】

牛肉（ステーキ用、
　好みの部位でOK）　2枚
ほりにし　小さじ2
にんにく　1かけ
サラダ油　小さじ1
バター　20g
好みの野菜　適量

ソース
　赤ワイン　大さじ4
　水　大さじ3
　みりん　大さじ1
　トマトケチャップ、ウスターソース
　　各小さじ2
　しょうゆ　小さじ½
　ほりにし　小さじ1

作り方

1　にんにくは薄切りにする。牛肉はほりにしをまぶす。ソースの材料は混ぜ合わせる。

2　フライパンにサラダ油とにんにくを入れて弱火で熱し、にんにくに焼き色がついたらとり出す。

3　中火にして牛肉を入れて焼き、食べやすい大きさに切って器に盛る。

4　フライパンにソースを入れて煮詰め、バターを加えて混ぜる。

5　3に4と2のにんにくをかけ、好みの野菜を添える。

堀西's COMMENT
たっぷりのソースに、ほりにしの旨味がとけ出して絶品。お酒にもごはんにもぴったりです！

> ほりにしと
> にんにくの風味で
> ごはんが進むおいしさ

厚切り豚とにらのラー油炒め

材料【2人分】
豚肉（焼き肉用）　200g
にら　½束（40g）
にんにく、しょうが　各1かけ
ほりにし　小さじ2
ラー油　適量

作り方

1. にらは5cm長さに切る。にんにくはあらいみじん切り、しょうがはせん切りにする。
2. フライパンを熱し、豚肉を両面がカリッとするまで中火で焼く。
3. フライパンの余分な脂をキッチンペーパーでふき、にんにくとしょうがを加えて炒め、にらを加えてさっと炒める。
4. ほりにしを加えて炒め合わせ、ラー油を加えてさっと混ぜる。

 堀西's COMMENT
にらの風味とほりにしの風味がマッチします。ほりにし辛口を使えば、ラー油なしでも楽しめます。

おすすめの
ほりにし

バーベキュースペアリブ

おつまみ

材料【2人分】
豚スペアリブ　6本
ほりにし　大さじ1
つけだれ
　おろし玉ねぎ　¼個分
　おろしにんにく　1かけ分
　トマトケチャップ　大さじ4
　ウスターソース、はちみつ
　　各大さじ2
　酢　大さじ1
　しょうゆ　大さじ1と½
好みの野菜　適量

作り方

1　スペアリブはフォークで何カ所か刺し、ほりにしをまぶしてよくなじませる。つけだれの材料はポリ袋に入れて混ぜ合わせる。

2　ポリ袋にスペアリブを入れてもみ込み、1時間ほどおき、オーブンシートを敷いた天板にのせる。

3　200度に予熱したオーブンに2を入れ、20〜30分焼く。器に盛り、好みの野菜を添える。

 堀西's COMMENT
ほりにしはトマトケチャップやソースとの相性が◎。ほかのスパイスは必要なし！

ほりにしとスペアリブの相性は抜群。甘辛味がクセになる

鶏むね肉で
ヘルシーなおかず。
ほりにしとポン酢の相性も◎

 おすすめの
ほりにし

鶏むねのほりバタポン酢

材料【2人分】
鶏むね肉　1枚（300g）
ほりにし　大さじ½
小麦粉、サラダ油　各適量
バター　15g
アボカド、青じそ、サンチュ、
　スプラウトなど好みの野菜
　適量
ポン酢しょうゆ　大さじ2

作り方

1　鶏肉はそぎ切りにし、ほりにしをもみ込み、小麦粉をまぶす。

2　フライパンにサラダ油を入れて中火で熱し、鶏肉の両面を焼く。

3　ポン酢しょうゆを加えてからめるように焼き、バターを加えて混ぜる。

4　器に盛り、好みの野菜を添え、野菜と鶏肉をサンチュで巻いて食べる。

 堀西's COMMENT
鶏むね肉のような淡泊な肉も、ほりにしを使えばしっかりとした満足おかずに変身します！

おすすめの
ほりにし

豚キムチなす

お弁当　おつまみ

材料【2人分】
豚バラ薄切り肉　150g
なす　2個
細ねぎ　4本
白菜キムチ　80g
酒　大さじ1
ほりにし　小さじ1
砂糖　ひとつまみ
ごま油　大さじ2

作り方

1　豚肉は3～4等分に切る。なすは大きめの乱切り、細ねぎは小口切りにする。キムチは食べやすく切る。

2　フライパンにごま油を入れて中火で熱し、なすを皮目から焼く。

3　豚肉を加えて炒め、肉の色が変わったら、酒、キムチ、ほりにし、砂糖を加えて炒め合わせる。

4　器に盛り、細ねぎを散らす。

堀西's COMMENT
キムチの旨味とほりにしの組み合わせで、旨さが倍増。ごま油の風味もほりにしと相性抜群！

PART 3

ごま油の風味と
ほりにしのコクで
ごはんが進む味わいに

おすすめの
ほりにし

ガーリックシュリンプ

おつまみ

材料【2人分】
えび（無頭） 12尾
パセリ、レモン 各適量
つけだれ
| にんにく 1～2かけ
| 玉ねぎ ⅛個（25g）
| ほりにし 小さじ1
| 白ワイン 大さじ1
| オリーブ油 大さじ2

作り方

1 えびは殻ごと背に切り目を入れ、わたを除く。にんにく、玉ねぎ、パセリはみじん切り、レモンはくし形切りにする。

2 ポリ袋にえびとつけだれの材料を入れて軽くもみ、30分ほどおく。

3 フライパンを中火で熱し、2をたれごと入れて焼き、パセリを加えて混ぜる。

4 器に盛り、レモンを添える。

堀西's COMMENT
ほかの調味料は一切使わず、ほりにしさえあれば簡単に味が決まるレシピです！

おつまみとしても
ご飯にのせて丼にしても
楽しめる

おすすめの
ほりにし

ほりにし de ポキ

おつまみ

材料【2人分】
まぐろ（さく） 200g
紫玉ねぎ（玉ねぎでも可）
　1/8 個（25g）
細ねぎ 2本
たれ
　　しょうゆ 大さじ1と1/2
　　みりん 小さじ2
　　ほりにし 小さじ1
　　オリーブ油（ごま油でも可）
　　　大さじ1

作り方

1　紫玉ねぎは薄切りにして水にさらす。細ねぎは小口切り、まぐろは1.5cm角に切る。

2　ボウルにたれの材料を入れて混ぜ合わせ、まぐろと水けをきった紫玉ねぎを加えてあえる。

3　器に盛り、細ねぎをのせ、好みでアボカドなどを添える。

堀西's COMMENT
まぐろなどの赤身魚だけでなく、白身魚に使ってもほりにしは相性抜群です！

76

おすすめの
ほりにし

たこのカルパッチョ熱々オイルがけ

おつまみ

材料【2人分】
ゆでだこ　150g
好みのハーブ
　（ディルやバジルなど）　適量
レモン　1/6個
オリーブ油　大さじ2
ほりにし　小さじ1

作り方

1　たこは薄切りにする。ハーブは刻む。

2　器にたこを盛ってハーブを散らし、ほりにしをかける。

3　フライパンにオリーブ油を入れて中火で熱し、熱々の状態で2にかけ、レモンをしぼる。

堀西's COMMENT
魚介類にオリーブ油×ほりにしを使えば、簡単にコクのあるカルパッチョを作れます！

PART 3

ほりにしの味つけだけで
楽しめる
やみつきになる一品

おすすめの
ほりにし

いかとセロリのほりにし炒め

おつまみ

ほりにしのスパイシーな風味とセロリの風味が絶妙にマッチ

材料【2人分】
するめいか　1ぱい
セロリ　1本
しょうが　½かけ
サラダ油　大さじ1
ほりにし　小さじ1
A ｜ 酒　大さじ1と½
　　かたくり粉　小さじ1
　　塩　少々

作り方

1　いかはわたを除いて皮をひき、格子状に切り込みを入れ、食べやすい大きさに切る。ボウルにAといかを入れて混ぜ、味をなじませる。

2　セロリは筋を除き、茎は斜め切り、葉はざく切りにする。しょうがは皮ごとせん切りにする。

3　フライパンにサラダ油を入れて強火で熱し、しょうがとセロリの茎をさっと炒める。

4　いかを加えて炒め、セロリの葉、ほりにしを加えてさっと炒め合わせる。

堀西 's COMMENT
ほりにしを加えるだけで風味もコクもアップ。ワンランク上の炒め物に変身します！

刺し身用のほたてを使えば
簡単に作れる。
おもてなしにも◎

おすすめの
ほりにし

ほたてのブルスケッタ
おつまみ

材料【2人分】
ほたて（刺し身用）　6個
ルッコラ　1束（50g）
好みのパン、バター　各適量
A｜オリーブ油　大さじ1
　｜レモン汁、ほりにし
　｜　各小さじ1

作り方

1　パンは小さめに切ってトーストし、バターを塗る。

2　ほたては1.5cm角に切り、ルッコラはざく切りにする。

3　ボウルにAを入れ、2を加えてあえ、1にのせる。

堀西 's COMMENT
ほりにしはパンにもぴったり！　好みで仕上げにほりにしをかけてもOKです。

おすすめの
ほりにし

あじのスパイシーたたき

材料【2人分】
あじ 2尾
青じそ、焼きのり 各適量
A | ほりにし、コチュジャン 各小さじ1

作り方

1 あじは三枚におろして皮をひき、1.5cm角に切ってからあらくたたく。

2 ボウルに1とAを入れて混ぜる。

3 器に盛り、青じそやのりで包んで食べる。

堀西's COMMENT
スパイシーな味つけでおつまみに最適。バゲットにのせて食べてもおいしいです！

スパイシーなほりにしとコチュジャンでひと味違う韓国風に

おすすめの
ほりにし

ほりにしコロッケ

材料【2人分】
じゃがいも　3個（300g）
玉ねぎ　½個（100g）
合いびき肉　100g
ほりにし　大さじ1
オリーブ油　大さじ½
バター　10g
小麦粉、とき卵、パン粉　各適量
揚げ油　適量
好みの野菜　適量

作り方

1　じゃがいもは皮をむいて4〜6等分に切り、やわらかくゆでる。湯を一度捨て、再び火にかけ、揺すって水分をとばす。玉ねぎはあらいみじん切りにする。

2　フライパンにバターとオリーブ油を入れて中火で熱し、玉ねぎとひき肉を炒め、ほりにしを加えて炒め合わせる。

3　ボウルに1のじゃがいもを入れて熱いうちにつぶす。

4　3に2を加えて混ぜ、6等分して丸める。小麦粉、とき卵、パン粉の順に衣をつけ、180度の揚げ油で揚げる。

5　器に盛り、好みでソース（市販）をかけ、好みの野菜を添える。

堀西's COMMENT
ほりにしだけでしっかり下味をつけるので、ほかの調味料は必要ありません！

チヂミの生地に
ほりにしを加えて
スパイシーな味わいに

おすすめの
ほりにし

たっぷりにらとチーズのチヂミ

材料【2人分】
にら　½束（40g）
ピザ用チーズ　50g
ごま油、酢、ほりにし　各適量
生地
　　小麦粉　大さじ4
　　かたくり粉　大さじ3
　　卵　1個
　　水　大さじ3
　　ほりにし　小さじ1

作り方

1　にらは3cm長さのざく切りにする。

2　ボウルに生地の材料を入れて混ぜ、1とチーズを加えて混ぜる。

3　フライパンにごま油を入れて中火で熱し、2を流し入れて平らにのばす。

4　両面がカリッとするまで焼き、食べやすい大きさに切って器に盛る。酢とほりにしを混ぜたたれにつけて食べる。

堀西's COMMENT
肉や魚介を使わなくても、ほりにしとチーズでコクがあり、満足な味わいに仕上がります！

おすすめの
ほりにし

ほりにしりしり

材料【2人分】

にんじん　1本
鶏ひき肉　50g
酒　大さじ1
卵　1個
ごま油　大さじ1
ほりにし　小さじ1

作り方

1　にんじんは細切りにする。卵はときほぐす。

2　フライパンにごま油を入れて中火で熱し、ひき肉を炒める。

3　肉の色が変わったら酒を加えて炒め、にんじんを加えてさらに炒める。

4　ほりにしを加えて炒め合わせ、とき卵を加えて大きく混ぜる。

堀西's COMMENT

かつおだしを使わず、ほりにし特有のコクと旨味を存分に楽しめるメニューです！

PART 3

ごま油＋ほりにしの風味で手が止まらなくなる味わいに

> 濃厚なアボカドに
> ほりにしのコクを加えた
> 絶品メニュー

おすすめの
ほりにし

アボカドの白あえ

材料【2人分】
アボカド　1個
ルッコラ　1束（50g）
ほりにし　小さじ1
あえ衣
　　木綿豆腐　100g
　　クリームチーズ　50g
　　マヨネーズ　大さじ1
　　砂糖　ひとつまみ
　　塩　少々

作り方

1　豆腐はキッチンペーパーで包んで皿などにのせ、重しをして水きりする。クリームチーズは室温にもどす。

2　ボウルにあえ衣の材料を入れ、なめらかになるまで混ぜる。

3　アボカドはひと口大に切る。ルッコラはざく切りにする。

4　2に3を加えてあえ、器に盛り、ほりにしをかける。

堀西's COMMENT
ほりにしは豆腐やチーズと合わせてもおいしく楽しめます。ワインのお供にどうぞ。

おすすめの ほりにし

パクチーサラダ

おつまみ

材料【2人分】
パクチー　80〜100g
オリーブ油　大さじ2
ほりにし　小さじ1
パルメザンチーズ　大さじ1

作り方

1　パクチーはざく切りにする。

2　ボウルにパクチーを入れ、オリーブ油とほりにしを加えてざっと混ぜる。

3　器に盛り、パルメザンチーズを振る。

堀西's COMMENT

パクチー好きに食べてほしい、ほりにし×パクチーでやみつきになる絶品コラボです！

パクチーの風味とほりにしのスパイシーさは相性抜群

おすすめの
ほりにし

バーニャほりにし

おつまみ

ほりにしの風味と
コクを上手に生かした
濃厚ソース

材料【2〜3人分】
好みの野菜　適量
バーニャソース
　　水　100ml
　　牛乳　50ml
　　にんにく　4かけ（40g）
　　オリーブ油　大さじ4
　　ほりにし　小さじ2
　　生クリーム　大さじ2

作り方

1　にんにくは縦半分に切り、芽を除く。

2　小鍋に1と水、牛乳を入れて火にかけ、沸騰したらごく弱火にして10分煮る。

3　にんにくがやわらかくなったらとり出してつぶし、鍋に戻す。

4　オリーブ油を加え、木べらやフォークなどでさらにつぶしながら弱火で加熱する。

5　ペースト状になったら生クリームとほりにしを加えて混ぜ、器に盛る。食べやすく切った好みの野菜を添える。

 堀西's COMMENT
ほりにしの風味でひと味違うバーニャソースを簡単に作れます。どんな野菜にも合う絶妙な味わい！

上品な白ワインと
バターの風味に
ほりにしでアクセントを

おすすめの
ほりにし

野菜のブレゼ風

材料【2人分】
グリーンアスパラガス　4本
ズッキーニ　1本
かぶ　1個
タイム　3本
にんにく　1かけ
オリーブ油　大さじ½
バター　10g
白ワイン　50㎖
ほりにし　小さじ1

作り方

1　アスパラは根元を切り落とし、かたい部分の皮をむく。ズッキーニは長さを半分に切ってから縦4等分に切る。かぶは縦4〜6等分に切る。にんにくはつぶす。

2　フライパンにオリーブ油とにんにくを入れて中火で熱し、香りが立ったら野菜を並べ入れる。

3　白ワインを回し入れ、タイムを散らしてふたをし、蒸し焼きにする。

4　野菜に火が通ったらバターを加えてひと混ぜし、器に盛り、ほりにしをかける。

堀西's COMMENT
ほりにしはどんな野菜とも相性抜群。シンプルな味つけのアクセントとして使うのもおすすめです。

おすすめの
ほりにし

白菜とにらのコッチョリ

おつまみ

材料【2人分】
白菜　200g
にら　⅓束（30g）
ヤンニョム
　　ナンプラー　小さじ2
　　ほりにし　小さじ1
　　すり白ごま　大さじ1
　　一味唐辛子　小さじ⅓
　　コチュジャン　小さじ1

作り方

1　白菜は葉の部分はざく切りにし、芯の部分は棒状に切る。にらは3〜4cm長さに切る。

2　ボウルにヤンニョムの材料を入れて混ぜ合わせる。

3　2に1を加えて混ぜ、5〜10分おく。

 堀西's COMMENT
ほりにしがあればヤンニョムも簡単に作れます。焼き肉のたれとしてもおいしく楽しめます！

PART 3

韓国の伝統料理コッチョリにほりにしの旨味をプラス

91

ほりにし特有のスパイスと
ガーリックの風味で
楽しめる

おすすめの
ほりにし

手作りシャカシャカポテト

材料【2人分】
じゃがいも　2個（250〜300g）
小麦粉　大さじ3
揚げ油　適量
ほりにし　小さじ2

作り方

1　じゃがいもは皮ごとくし形切りにし、水にさらす。

2　じゃがいもの水けをふき、小麦粉をまぶす。

3　160〜170度の低めの揚げ油に入れて3〜4分揚げる。

4　じゃがいもに火が通ったらとり出してあら熱をとり、ポリ袋に入れ、ほりにしを加えてシャカシャカ振って混ぜる。

堀西's COMMENT
自宅で楽しめるシャカシャカポテト。
好みの種類のほりにしを使えば、
自分流に味つけできます！

おすすめの
ほりにし

だし巻かない卵

お弁当

材料【2人分】
卵　4個
細ねぎ　2本
サラダ油　小さじ1
ほりにし　小さじ1
A｜水　大さじ6
　｜和風だしのもと（顆粒）
　｜　小さじ1/2
　｜みりん　小さじ2

作り方

1. 細ねぎは小口切りにする。
2. ボウルに卵をときほぐし、Aを加えて混ぜる。
3. フライパンにサラダ油を入れて中火で熱し、2を流し入れる。
4. 外側から大きく混ぜながら焼き、好みのかたさになったら火を止める。
5. 器に盛り、ほりにしをかけ、細ねぎをのせる。

 堀西's COMMENT

だしのきいた卵焼きのアクセントとしてほりにしを活用。いつもと違う味わいを楽しんでください！

PART 3

巻かないので簡単に作れる！
スパイシーさが
味のアクセントに

COLUMN 03

おやつにも大活躍！
ほりにしスイーツレシピ

おすすめのほりにし

白のほりにしを生かしたスイーツレシピを集めました。
スパイシーさと甘じょっぱさが思わずクセになる新感覚スイーツです。
自宅で楽しんでみてください！

スパイス アップルケーキ

りんごの酸味と
ほりにしのスパイシーさが
ベストマッチ

材料【1台分】
薄力粉　200g
ベーキングパウダー
　小さじ2
砂糖　50g
ほりにし　小さじ1
サラダ油　100ml
卵　2個
りんご　2個（300g）
レーズン　20g

作り方

1. 薄力粉、ベーキングパウダーは合わせてふるう。りんごは半量を皮つきのまま薄いくし形切りにし（トッピング用）、残りは皮をむいて6等分に切ってから1cm厚さに切る。

2. ボウルに卵、砂糖、サラダ油を入れて混ぜる。レーズンはあればラム酒小さじ2につける。

3. 2のボウルにふるった粉類とほりにしを加えて混ぜ、皮をむいたりんご、レーズンを加えて混ぜる。

4. オーブンシートを敷いた天板に3を流し入れてならし、りんごを並べる。200度に予熱したオーブンで5分焼き、180度に下げてさらに35～40分焼く。

大人のスパイスチョコ

材料【2人分】
好みのチョコレート 200g
好みのドライフルーツ 50g
好みのナッツ 50g
ほりにし 小さじ1

作り方

1　チョコレートはあらく刻んでボウルに入れ、湯せんでとかす。ドライフルーツとナッツはあらく刻む。

2　1のボウルにドライフルーツとナッツを加えて混ぜる。

3　オーブンシートを敷いたバット（または耐熱容器など）に2を流し入れ、ほりにしを振り、冷蔵庫に2時間ほど入れて固める。

ほりにしサブレ

材料【約20枚分】
バター（無塩）60g
薄力粉 100g
砂糖 30g
パルメザンチーズ 20g
ほりにし 小さじ1

作り方

1　バターはボウルに入れて室温でやわらかくし、砂糖を加えてよく混ぜる。薄力粉はふるう。

2　1のボウルにほりにし、パルメザンチーズ、薄力粉を加えて混ぜる。好みの形の棒状にまとめてラップで包み、冷蔵庫で1時間冷やす。

3　1cmほどの厚さに切り、オーブンシートを敷いた天板に並べ、170度に予熱したオーブンで15分ほど焼く。

スパイシーな味わいで大人味に。おつまみにも最適

スパイスの風味でおやつにもおつまみにも◎

やさしい甘みと
ほりにしのしょっぱさが
絶妙

スパイシーさで
やみつきに。
手が止まらないおいしさ

フレンチほりにし

材料【2人分】

バゲット（好みの　　ほりにし　適量
　パンでも可）　　　バター　20g
　4切れ　　　　　　卵液
バナナ　1本　　　　｜卵　1個
パルメザンチーズ　　｜牛乳　150㎖
　大さじ2　　　　　｜砂糖　大さじ1

作り方

1　卵液の材料は混ぜ合わせ、バゲットの両面を30分ほどつける。バナナは横半分に切ってから縦半分に切る。

2　フライパンにバターを入れて弱火で熱し、バゲットとバナナの両面を焼く。

3　器に盛り、パルメザンチーズとほりにしをかける。

キャラメルほりにしポップコーン

材料【2人分】

ポップコーン　　キャラメル
　（あれば無塩）　｜砂糖　70g
　40g　　　　　　｜水　大さじ2
　　　　　　　　　｜バター（無塩）　30g
　　　　　　　　　｜牛乳　大さじ2
　　　　　　　　　｜ほりにし　小さじ½

作り方

1　フライパンに水と砂糖を入れて中火で熱する。

2　砂糖がとけて薄茶色になったら、バターと牛乳を加えて混ぜる。

3　とろりとしたら、ほりにしを加えて混ぜ、火を止める。

4　ポップコーンを加えてからめるように手早く混ぜ、再び火にかけて弱火で表面をカリッとさせる。

PART 4

ごはん & めんのレシピ

パパッと作れる！

堀西

忙しくて料理を作る時間がないときに役立つ、ごはん＆めんのレシピです。
家族が集まる休日のランチメニューとしてもおすすめです。

おすすめの
ほりにし

ひき肉ゴロゴロチャーハン

材料【1人分】
豚ひき肉　100g
あたたかいごはん　150g
玉ねぎ　¼個（50g）
卵　1個
なると（かまぼこでも可）　20g
サラダ油　大さじ1
ほりにし　小さじ1と½
しょうゆ　少々

作り方

1　玉ねぎはあらいみじん切り、なるとは小さめの角切りにする。卵はときほぐす。

2　フライパンにサラダ油を入れて中火で熱し、玉ねぎを炒める。

3　玉ねぎを端に寄せてひき肉を加え、あまりさわらないようにして両面を焼きつける。

4　ひき肉をあらくほぐすようにして炒め、ほりにし小さじ½を加える。

5　とき卵を回し入れてすぐにごはんを加え、米粒に卵をまとわせるように炒める。

6　なるとを加えてさらに炒め、残りのほりにしを振り、鍋肌からしょうゆを加えて混ぜる。

堀西's COMMENT
ひき肉から出るジューシーな脂とスパイシーなほりにし、ごはんの最強コラボです！

> ほりにしは
> カレー粉にもぴったり。
> スパイスを生かして本格味に

おすすめの
ほりにし

さば缶無水ほりにしカレー

材料【1〜2人分】
さば水煮缶　1缶（190g）
あたたかいごはん　適量
玉ねぎ　½個（100g）
にんにく、しょうが　各1かけ
サラダ油　大さじ1
カレー粉　小さじ2
カットトマト缶　½缶（180g）
ほりにし　小さじ1
ウスターソース　大さじ½

作り方

1　玉ねぎはあらいみじん切り、にんにくとしょうがはせん切りにする。

2　フライパンにサラダ油を入れて中火で熱し、1を炒める。

3　玉ねぎが薄く色づいたら、カレー粉を加えてさらに炒める。

4　トマト缶とさば缶を汁ごと加え、ほりにしを加える。

5　煮立ったら弱火にして10分ほど煮込み、味をみてウスターソースを加え、器にごはんとともに盛る。好みでみじん切りにしたパセリを散らす。

堀西's COMMENT
ほりにしとカレー粉で味つけはほぼOK！ウスターソースでちょっと洋風の雰囲気の絶品カレーに！

おすすめの
ほりにし

オムライスでもほりにし

材料【1人分】
鶏もも肉　¼枚（60g）
あたたかいごはん　100g
卵　2個
玉ねぎ　⅙個（30g）
ピーマン　½個
ほりにし　適量
トマトケチャップ　適量
バター　10g
オリーブ油　小さじ2

堀西's COMMENT
ほりにしのスパイシーさで大人味のオムライスに。金のほりにしを使えば高級オムライスに変身！

作り方

1　玉ねぎとピーマンはあらいみじん切りにし、鶏肉は1.5cm角に切る。卵は割りほぐす。

2　フライパンにオリーブ油を入れて中火で熱し、鶏肉、玉ねぎ、ピーマンを炒め、肉に火が通ったらほりにし小さじ2、ケチャップ大さじ2を加えて炒める。

3　ごはんを加えて均一に混ざるように炒め合わせ、とり出す。

4　フライパンをキッチンペーパーでふき、バターを熱してとかす。とき卵を流し入れ、外側から大きく円を描くように混ぜる。

5　卵が固まらないうちに3を加えて包む。器に盛り、ケチャップ、ほりにし各適量をかける。

ほりにしとケチャップの味わいでひと味違うオムライスに

ほりにしを使って
スパイシーな味わいに。
大満足の食べごたえ

おすすめの
ほりにし

混ぜジャンバラヤ

お弁当

材料【1人分】

鶏もも肉　½枚（120g）
あたたかいごはん　150g
A │ ほりにし　小さじ½
　 │ 小麦粉　小さじ1
玉ねぎ　⅙個（30g）
チョリソー　2本
トマト　小½個
オリーブ油　小さじ2
B │ トマトケチャップ　大さじ2
　 │ カレー粉、ほりにし　各小さじ½

作り方

1. 鶏肉はAをまぶす。玉ねぎはあらいみじん切り、チョリソーは5mm厚さの小口切り、トマトは小さめのざく切りにする。

2. フライパンにオリーブ油を入れて弱めの中火で熱し、鶏肉の両面を焼き、火が通ったらとり出す。

3. フライパンに玉ねぎ、チョリソーを入れて中火で炒め、トマト、Bを加えて炒め合わせる。

4. ボウルにごはんを入れ、3を加えて混ぜる。器に盛り、食べやすく切った2をのせる。

堀西's COMMENT
手に入りにくい「ケイジャンミックス」をほりにしで代用。ほりにし辛口で辛味をプラスしても。

おすすめの
ほりにし

和風とろろドリア

材料【1人分】

鶏ひき肉　60g
あたたかいごはん　150g
山いも　100g
卵　1個
玉ねぎ　1/6個（30g）
しめじ　1/4パック
ピザ用チーズ　30g
ほりにし　適量
サラダ油　適量

作り方

1. 山いもはすりおろし、ボウルに卵とともに入れて混ぜる。
2. 玉ねぎは薄切りにする。しめじは石づきを除いて小房に分ける。
3. フライパンにサラダ油を入れて中火で熱し、ひき肉を炒める。玉ねぎ、しめじを加えて炒め、ほりにし小さじ1を加えて炒め合わせる。
4. 耐熱容器にごはんを敷き、3をのせる。1をかけてピザ用チーズを散らし、ほりにし適量をかけ、オーブントースターで焼き色がつくまで焼く。

 堀西's COMMENT

仕上げにかけるほりにしを好みの種類にすれば、自分好みの味わいを楽しめます。

チーズとほりにしの相性は抜群。薄切り肉でも食べごたえ◎

おすすめの
ほりにし

スパイス香味肉ぶっかけ

材料【1人分】
うどん（ゆで） 1玉
好みの香味野菜
　（青じそ、細ねぎ、パクチー、貝割れ菜など） 適量
豚バラ薄切り肉 2枚
レモン ⅛個
たれ
　｜ごま油、しょうゆ 各大さじ1
　｜ほりにし 小さじ1
　｜砂糖 小さじ2
　｜ラー油 少々

作り方

1　青じそはせん切り、細ねぎは斜め切り、パクチーと貝割れ菜はざく切りにする。豚肉は4等分に切る。

2　ボウルにたれの材料を入れて混ぜ合わせ、半量を別の容器に入れる。

3　うどんはさっとゆでてとりだし（ゆで湯は捨てない）、水けをきって器に盛る。

4　残りの湯で豚肉をさっとゆで、水にさらしてあら熱をとり、水けをきる。

5　2のボウルに香味野菜と豚肉を入れてあえ、3にのせる。残りのたれをかけ、レモンを添える。

堀西's COMMENT
たれにほりにしを加えた、和風でも洋風でもないオリエンタルな味わいです。

PART 4

ほりにしの風味を
プラスすれば
ナポリタンも大変身

ほりナポ

材料【1人分】
スパゲッティ　80〜100g
ベーコン　30g
玉ねぎ　1/8個（25g）
ピーマン　1個
サラダ油　大さじ1/2
バター　10g
ほりにし　小さじ1
トマトケチャップ　大さじ3

 堀西's COMMENT
ベーコンの旨味とほりにしの組み合わせが◎。タバスコのかわりにほりにし辛口でもOK！

作り方

1. ピーマンは細切り、玉ねぎは薄切りにし、ベーコンは1cm幅に切る。スパゲッティは袋の表示時間どおりにゆでる。

2. フライパンにサラダ油を入れて中火で熱し、ベーコンをじっくり炒める。

3. 玉ねぎを加えてしんなりしたら、ピーマン、ほりにし、ケチャップを加えて味をなじませる。

4. スパゲッティを加えて炒め合わせ、バターを加えてからめる。器に盛り、好みでタバスコを振る。

おすすめの
ほりにし

ほりにしホルモン焼きそば

材料【1人分】

焼きそばめん（蒸し）　1袋
もやし　40g
キャベツ　50g
味つきホルモン（市販）　100g
酒　大さじ1
ほりにし　小さじ1
サラダ油　大さじ1

作り方

1　キャベツはざく切りにする。

2　フライパンにサラダ油を入れて中火で熱し、キャベツともやしを炒める。

3　焼きそばめん、ホルモンを加え、酒を振ってほぐすように炒める。

4　ほりにしを加えて炒め合わせる。

堀西's COMMENT
おろしにんにくやほりにし辛口を加えれば、さらにインパクトのある味わいに！

PART 4

ほりにしを使って
中華風とはひと味違う
やみつき焼きそばに

オイスターソース×
ほりにしを使って
旨味たっぷりのめんに

おすすめの
ほりにし

ほりにしのにらそば

材料【1人分】
焼きそばめん（蒸し）　1袋
にら　½束（40g）
酒　小さじ2
オイスターソース　大さじ½
ほりにし　小さじ1
ごま油　大さじ3
いり白ごま　各少々

作り方

1　にらは細かく刻む。

2　耐熱容器に焼きそばめんをのせ、酒を振って電子レンジで1分30秒加熱する。

3　めんをほぐし、オイスターソースとほりにしを加えてよく混ぜる。

4　器に盛り、にらを散らす。熱したごま油をかけてごまを振り、好みでフライドオニオン（市販）を散らす。

堀西's COMMENT
ほりにしは強い旨味成分が入っているので、肉なしのめんでも大満足の味わいになります！

おすすめの
ほりにし

そうめんチャンプルー

材料【1人分】
そうめん（流水麺）　200g
にんじん　20g
玉ねぎ　1/8個（25g）
にら　1/4束（20g）
ツナ缶　1缶（70g）
ごま油　小さじ2
酒　大さじ1
ほりにし　小さじ1
しょうゆ　少々

作り方

1. にんじんは細切り、玉ねぎは薄切り、にらはざく切りにする。そうめんは流水でほぐし、水けをきる。

2. フライパンにごま油を入れて中火で熱し、にんじんを炒め、玉ねぎ、汁けをきったツナ缶を加えて炒める。

3. そうめんと酒を加えてほぐしながら炒め、ほりにし、しょうゆを加えて炒め合わせる。

4. にらを加え、しんなりとしたら火を止める。

 堀西's COMMENT
和風だしのかわりにほりにしを使った、ガッツリ大人味のチャンプルーです。

ツナとほりにしを使ったコクのある味わいで箸が進む

おわりに

　本書は、「アウトドアスパイス ほりにし」を通して、日常の料理にちょっとした変化を加え、食卓に彩りと笑顔を届けたいという思いから生まれました。

　料理は単なる作業ではなく、愛情を注ぐひとつの表現です。「ほりにし」を使った料理で家族や大切な人たちと過ごす時間を増やし、「ほりにし」を使った料理を通してだんらんの時間をさらに豊かにし、「ほりにし」が料理の中心＆笑顔の中心になれることを心から願います。

　最後に、本書の制作にご協力いただいた皆さま、そして読者の皆さまに心から感謝いたします。

　これからも皆さまの食卓に新しい発見と喜びを提供できるよう、引き続き努力してまいります。

　どうぞ末永くご愛顧いただければ幸いです。

　最後まで本書をお読みいただき、ありがとうございました。

STAFF

ブックデザイン	棟保雅子
料理	しらいしやすこ（P16〜32、52〜54、56〜96、98〜109）
	長田知恵（つき）（P34〜49）
撮影	中本浩平
スイタリスト	木村 遥
取材・文	桑山裕司（P8〜14）
編集	株式会社A.I
校正	荒川照実
協力	藤本 剛、下門美春（ミモナ）
担当編集	天野隆志（主婦の友社）

「ほりにし」かけときゃ だいたいオッケー

令和7年1月20日　第1刷発行

著　者　堀西晃弘
発行者　大宮敏靖
発行所　株式会社主婦の友社
　　　　〒141-0021
　　　　東京都品川区上大崎3-1-1 目黒セントラルスクエア
　　　　電話　03-5280-7537（内容・不良品等のお問い合わせ）
　　　　　　　049-259-1236（販売）
印刷所　株式会社光邦

©Akihiro Horinishi 2024 Printed in Japan
ISBN978-4-07-460865-2

■本のご注文は、お近くの書店または主婦の友社コールセンター（電話 0120-916-892）まで。
＊お問い合わせ受付時間　月〜金（祝日を除く）10:00〜16:00
＊個人のお客さまからのよくある質問のご案内 https://shufunotomo.co.jp/faq/

Ⓡ〈日本複製権センター委託出版物〉
本書を無断で複写複製（電子化を含む）することは、著作権法上の例外を除き、禁じられています。
本書をコピーされる場合は、事前に公益社団法人日本複製権センター（JRRC）の許諾を受け
てください。また本書を代行業者等の第三者に依頼してスキャンやデジタル化することは、たと
え個人や家庭内での利用であっても一切認められておりません。
JRRC〈https://jrrc.or.jp　eメール：jrrc_info@jrrc.or.jp　電話：03-6809-1281〉